Impressum
Verlag: BABADADA GmbH, Nedderfeld 112 , 22529 Hamburg
Geschäftsführer / Verlagsleitung: Harald Hof
Druck: Books on Demand GmbH, In de Tarpen 42, 22848 Norderstedt

Imprint
Publisher: BABADADA GmbH, Nedderfeld 112 , 22529 Hamburg, Germany
Managing Director / Publishing direction: Harald Hof
Print: Books on Demand GmbH, In de Tarpen 42, 22848 Norderstedt

école
სკოლა

salle de classe
საკლასო ოთახი
diviser
გაყოფა
186/2
cour (de récréation)
სკოლის ეზო
tableau noir
დაფა
professeur
მასწავლებელი
papier
ქაღალდი
écrire
წერა
stylo
კალამი
bureau
მაგიდა
règle
სახაზავი
livre
წიგნი
élève
მოსწავლე

cartable
ზურგჩანთა

trousse
პენალი

crayon
ფანქარი

taille-crayon
ფანქრების სათლელი

gomme
საშლელი

carnet à dessin
ნახატების ალბომი

dessin

ნახატი

pinceau

ფუნჯი

boîte de peinture

საღებავის ყუთი

ciseaux

მაკრატელი

colle

წებო

cahier d'exercices

სავარჯიშო რვეული

devoirs

საშინაო დავალება

chiffre

ნომერი

additionner

დამატება

soustraire

გამოკლება

multiplier

გამრავლება

calculer

გამოთვლა

lettre

წერილი

alphabet

ანბანი

mot

სიტყვა

texte

ტექსტი

lire

წაკითხვა

craie

ცარცი

leçon

გაკვეთილი

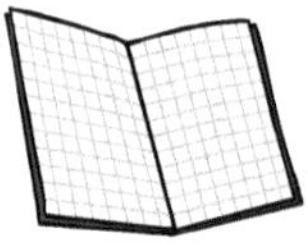

livre de classe

რეგისტრაცია

examen

გამოცდა

certificat

სერტიფიკატი

uniforme scolaire

სკოლის ფორმა

formation

განათლება

lexique

ენციკლოპედია

université

უნივერსიტეტი

microscope

მიკროსკოპი

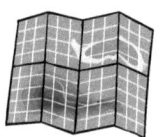

carte

რუქა

corbeille à papier

კალათა ნარჩენი
ქაღალდებისათვის

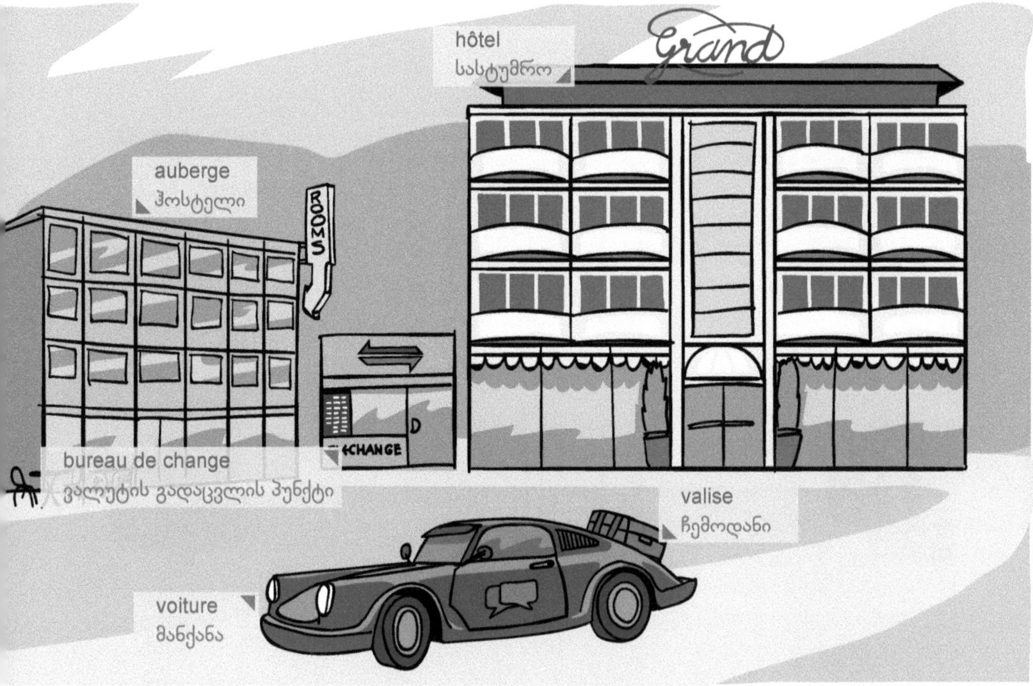
hôtel
სასტუმრო
Grand
auberge
ჰოსტელი
ROOMS
bureau de change
ვალუტის გადაცვლის პუნქტი
valise
ჩემოდანი
voiture
მანქანა

langue
ენა

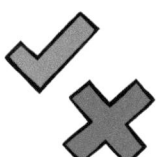

oui / non
კი / არა

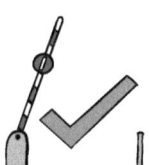

d'accord
კარგი

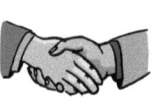

Salut
გამარჯობა

interprète
მთარგმნელი

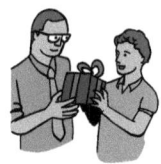

merci
გმადლობთ

Combien coûte...?

რა ღირს... ?

Je ne comprends pas

ვერ გავიგე

problème

პრობლემა

Bonsoir !

აღამო მშვიდობისა!

Bonjour !

დილა მშვიდობისა!

Bonne nuit !

ღამე მშვიდობისა!

Au revoir

ნახვამდის

direction

მიმართულება

bagages

ბარგი

sac

ჩანთა

sac-à-dos

ზურგჩანთა

hôte

სტუმარი

pièce

ოთახი

sac de couchage

საძილე ტომარა

tente

კარავი

voyage - მოგზაურობა

office de tourisme

ტურისტული ინფორმაცია

plage

სანაპირო

carte de crédit

საკრედიტო ბარათი

petit-déjeuner

საუზმე

déjeuner

ლანჩი

dîner

ვახშამი

billet

ბილეთი

ascenseur

ლიფტი

timbre

საფოსტო მარკა

frontière

საზღვარი

douane

საბაჟო

ambassade

საელჩო

visa

ვიზა

passeport

პასპორტი

transport
ტრანსპორტი

avion
თვითმფრინავი
navire
გემი
véhicule de pompiers
სახანძრო მანქანა
camion
სატვირთო მანქანა
bus
ავტობუსი
bateau à moteur
მოტორიზებული ნავი
voiture
მანქანა
bicyclette
ველოსიპედი

ferry

ბორანი

barque

ნავი

moto

მოტოციკლი

voiture de police

პოლიციის მანქანა

voiture de course

სარბოლო მანქანა

voiture de location

დაქირავებული მანქანა

auto-partage

მანქანის ერთობლივი მოხმარება

voiture de remorquage

საბუქსირე მანქანა

benne à ordures

ნაგვის მანქანა

moteur

ძრავა

essence

საწვავი

station d'essence

ბენზინგასამართი სადგური

panneau indicateur

საგზაო ნიშანი

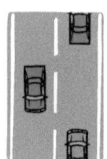

trafic

მოძრაობა

embouteillage

საცობი

parking

მანქანის სადგომი

gare

მატარებლის სადგური

rails

ლიანდაგები

train

მატარებელი

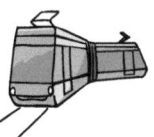

tramway

ტრამვაი

wagon

ვაგონი

hélicoptère

ვერტმფრენი

aéroport

აეროპორტი

tour

კოშკი

passager

მგზავრი

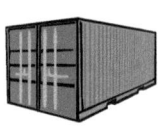

conteneur

კონტეინერი

carton

მუყაოს ყუთი

chariot

ურიკა

corbeille

კალათა

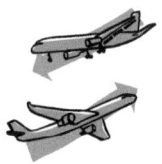

décoller / atterrir

აფრენა / დაშვება

ville

ქალაქი

village

სოფელი

centre-ville

ქალაქის ცენტრი

maison

სახლი

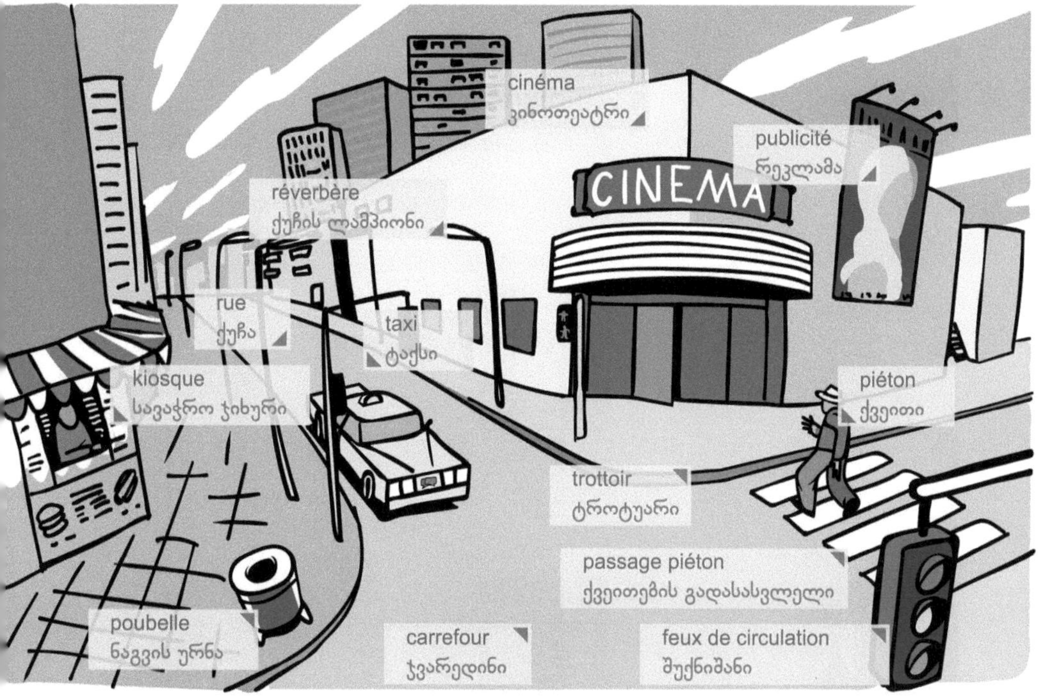

cinéma
კინოთეატრი

publicité
რეკლამა

réverbère
ქუჩის ლამპიონი

rue
ქუჩა

taxi
ტაქსი

CINEMA

piéton
ქვეითი

kiosque
სავაჭრო ჯიხური

trottoir
ტროტუარი

passage piéton
ქვეითების გადასასვლელი

poubelle
ნაგვის ურნა

carrefour
ჯვარედინი

feux de circulation
შუქნიშანი

cabane

ქოხი

appartement

ბინა

gare

მატარებლის სადგური

mairie

მუნიციპალიტეტი

musée

მუზეუმი

école

სკოლა

université

უნივერსიტეტი

banque

ბანკი

hôpital

საავადმყოფო

hôtel

სასტუმრო

pharmacie

აფთიაქი

bureau

ოფისი

librairie

წიგნების მაღაზია

magasin

მაღაზია

fleuriste

ფლორისტი

supermarché

სუპერმარკეტი

marché

ბაზარი

grand magasin

მაღაზიის განყოფილება

poissonnerie

თევზის გამყიდველი

centre commercial

სავაჭრო ცენტრი

port

ნავსადგომი

parc

პარკი

banque

გრძელი სკამი

pont

ხიდი

escaliers

კიბეები

métro

მიწისქვეშა გადასასვლელი

tunnel

გვირაბი

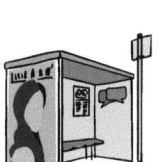

arrêt de bus

ავტობუსის გაჩერება

bar

ბარი

restaurant

რესტორანი

boîte à lettres

საფოსტო ყუთი

panneau indicateur

ქუჩის ნიშანი

parcmètre

პარკინგის საზომი

zoo

ზოოპარკი

piscine

საცურაო აუზი

mosquée

მეჩეთი

ferme

ფერმა

pollution

გარემოს დაბინძურება

cimetière

სასაფლაო

église

ეკლესია

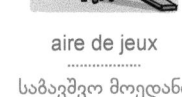

aire de jeux

საბავშვო მოედანი

temple

ტაძარი

paysage

ლანდშაფტი

feuille
ფოთოლი
panneau indicateur
გზის მანიშნებელი ნიშანი
chemin
გზა
pré
მდელო
pierre
ქვა
randonneur
მოგზაური
arbre
ხე
rivière
მდინარე
herbe
ბალახი
fleur
ყვავილი

vallée

ხეობა

montagne

გორაკი

lac

ტბა

forêt

ტყე

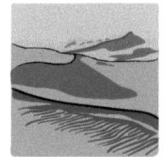

désert

უდაბნო

volcan

ვულკანი

château

ციხე

arc-en-ciel

ცისარტყელა

champignon

სოკო

palmier

პალმა

moustique

კოღო

mouche

ბუზი

fourmis

ჭიანჭველა

abeille

ფუტკარი

araignée

ობობა

coléoptère

ხოჭო

grenouille

ბაყაყი

écureuil

ციყვი

hérisson

ზღარბი

lièvre

კურდღელი

chouette

ბუ

oiseau

ფრინველი

cygne

გედი

sanglier

ტახი

cerf

ირემი

élan

ცხენ-ირემი

barrage

კაშხალი

éolienne

ქარის ტურბინა

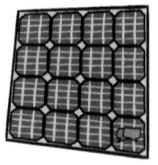

panneau solaire

მზის ბატარეა

climat

კლიმატი

restaurant
რესტორანი

serveur
მიმტანი
menu
მენიუ
chaise
სკამი
soupe
სუპი
pizza
პიცა
couverts
დანა-ჩანგალი
nappe
მაგიდაზე გადასაფარებელი

hors d'œuvre

საუზმე

plat principal

მთავარი კერძი

dessert

დესერტი

boissons

დასალევი

alimentation

საჭმელი

bouteille

ბოთლი

fast-food

სწრაფი კვება

plats à emporter

ქუჩის საჭმელი

théière

ჩაიდანი

sucrier

საშაქრე

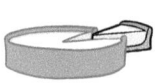

portion

პორცია

machine à expresso

ესპრესოს მანქანა

chaise haute

მაღალი სკამი

facture

ანგარიში

plateau

ლანგარი

couteau

დანა

fourchette

ჩანგალი

cuillère

კოვზი

cuillère à thé

ჩაის კოვზი

serviette

ხელსახოცი

verre

ჭიქა

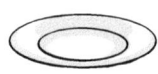

assiette

თეფში

assiette à soupe

სუპის თეფში

soucoupe

ჩაის ლამბაქი

sauce

საწებელი

salière

სამარილე

moulin à poivre

წიწაკის საფქვავი

vinaigre

ძმარი

huile

ზეთი

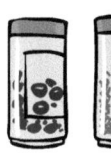

épices

სანელებლები

ketchup

კეტჩუპი

moutarde

მდოგვი

mayonnaise

მაიონეზი

supermarché
სუპერმარკეტი

offre promotionnelle
სპეციალური შეთავაზება
FOR
client
მომხმარებელი
produits laitiers
რძის ნაწარმი
fruits
ხილი
chariot
ურიკა

boucherie

საყასბო

boulangerie

საცხობი

peser

აწონვა

légumes

ბოსტნეული

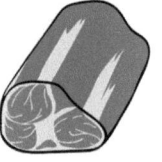

viande

ხორცი

aliments surgelés

გაყინული საკვები

charcuterie

გრილი ხორცი

conserves

კონსერვები

poudre à lessive

სარეცხი ფხვნილი

bonbons

ტკბილეული

articles ménagers

საყოფაცხოვრებო
პროდუქტები

détergents

სარეცხი საშუალებები

vendeuse

გამყიდველი

caisse

სალარო

caissier

მოლარე

liste d'achats

საყიდლების სია

heures d'ouverture

მუშაობის საათები

portefeuille

პორტმანი

carte de crédit

საკრედიტო ბარათი

sac

ჩანთა

sac en plastique

პლასტიკური პარკი

boissons
დასალევი

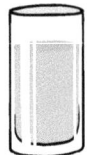

eau

წყალი

jus de fruit

წვენი

lait

რძე

coca

კოკა-კოლა

vin

ღვინო

bière

ლუდი

alcool

ალკოჰოლი

chocolat chaud

კაკაო

thé

ჩაი

café

ყავა

expresso

ესპრესო

cappuccino

კაპუჩინო

banane

ბანანი

pomme

ვაშლი

orange

ფორთოხალი

melon

საზამთრო

citron

ლიმონი

carotte

სტაფილო

ail

ნიორი

bambou

ბამბუკი

oignon

ხახვი

champignon

სოკო

noisettes

კაკალი

pâtes

ატრია

spaghetti

სპაგეტი

riz

ბრინჯი

salade

სალათი

pommes frites

ჩიპსები

pommes de terre rôties

შემწვარი კარტოფილი

pizza

პიცა

hamburger

ჰამბურგერი

sandwich

სენდვიჩი

escalope

კოტლეტი

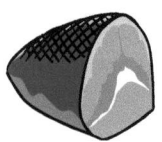

jambon

ლორი

salami

სალიამი

saucisse

ძეხვი

poulet

წიწილა

rôti

შემწვარი ხორცი

poisson

თევზი

flocons d'avoine

შვრიის ფაფა

muesli

მუსლი

cornflakes

სიმინდის ფანტელები

farine

ფქვილი

croissant

კრუასანი

petits-pains

ბულკი

pain

პური

pain grillé

ტოსტი

biscuits

ნამცხვრები

beurre

კარაქი

le fromage blanc

ხაჭო

gâteau

ტორტი

œuf

კვერცხი

œuf au plat

ერბო-კვერცხი

fromage

ყველი

glace

ნაყინი

sucre

შაქარი

miel

თაფლი

confiture

ჯემი

crème nougat

შოკოლადის კრემი

curry

კარი

ferme
სოფლის სახლი

grange
თავლა

botte de paille
ჩალის შეკვრა

champ
ყანა

cheval
ცხენი

remorque
მისაბმელი

poulain
კვიცი

tracteur
ტრაქტორი

âne
ვირი

agneau
ცხვარი

mouton
ცხვარი

chèvre

თხა

vache

ძროხა

veau

ხბო

porc

ღორი

porcelet

გოჭი

taureau

ხარი

oie

ბატი

canard

იხვი

poussin

წიწილა

poule

ქათამი

coq

მამალი

rat

ვირთხა

chat

კატა

souris

თაგვი

bœuf

ხარი

chien

ძაღლი

chenil

საძაღლე

tuyau de jardin

ბაღის შლანგი

arrosoir

საბაღე წურწურა

faucheuse

ცელი

charrue

გუთანი

faucille

ნამგალი

pioche

თოხი

fourche

პატივის სახვეტი ჩანგალი

hache

ცული

brouette

მაზიდი

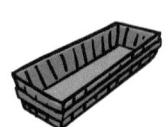

cuve

გობი

pot à lait

რძის ბიდონი

sac

ტომარა

clôture

ღობე

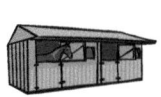

étable

ბოსელი

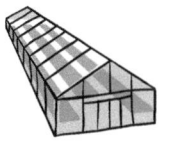

serre

სათბური

sol

ნიადაგი

semences

თესლი

engrais

სასუქი

moissonneuse-batteuse

მოსავლის ამღები კომბაინი

récolter

მოსავლის აღება

récolte

მოსავალი

igname

იამი

blé

ხორბალი

soja

სოიო

pomme de terre

კარტოფილი

maïs

სიმინდი

colza

სარეველას თესლი

arbre fruitier

ხეხილი

manioc

მანიოკი

céréales

მარცვლეული

maison
სახლი

cheminée
ბუხარი
toit
სახურავი
gouttière
წყალსადინარი მილი
fenêtre
ფანჯარა
garage
ავტოფარეხი
sonnette
კარის ზარი
porte
კარი
poubelle
ნაგვის ყუთი
boîte aux lettres
საფოსტო ყუთი
jardin
ბაღი

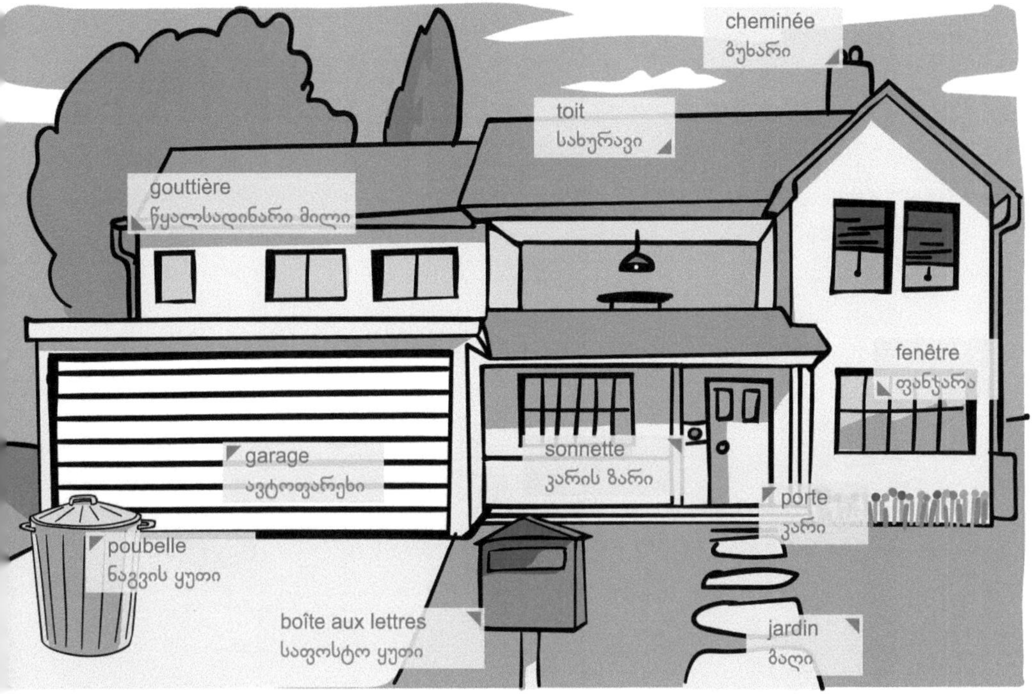

salon

მისაღები ოთახი

salle de bain

აბაზანა

cuisine

სამზარეულო

chambre à coucher

საძინებელი

chambre d'enfant

საბავშვო ოთახი

salle à manger

სასადილო ოთახი

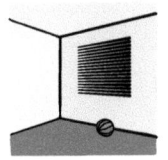

sol

სართული

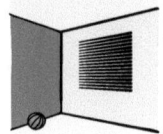

mur

კედელი

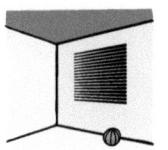

plafond

ჭერი

cave

სარდაფი

sauna

საუნა

balcon

აივანი

terrasse

ტერასა

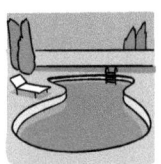

piscine

აუზი

tondeuse à gazon

გაზონის საკრეჭი

housse

საბნის კონვერტი

couette

საწოლი

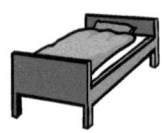

lit

ლოგინი

balai

ცოცხი

sceau

სათლი

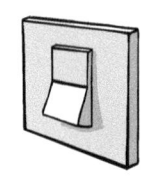

interrupteur

გადამრთველი

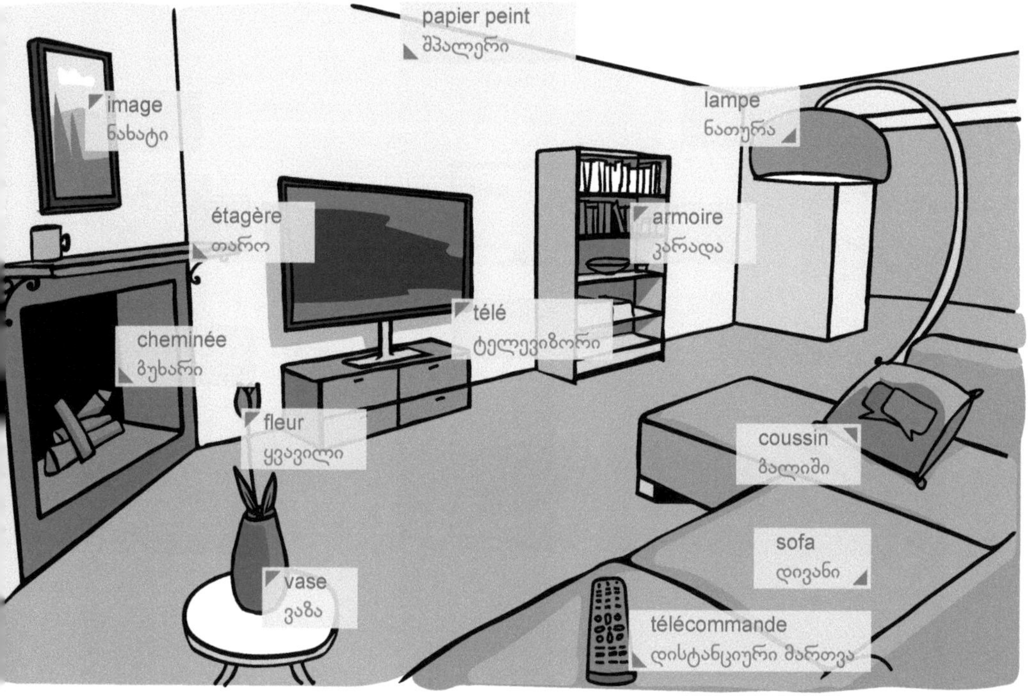

papier peint
შპალერი
image
ნახატი
lampe
ნათურა
étagère
თარო
armoire
კარადა
télé
ტელევიზორი
cheminée
ბუხარი
fleur
ყვავილი
coussin
ბალიში
sofa
დივანი
vase
ვაზა
télécommande
დისტანციური მართვა

tapis
ხალიჩა

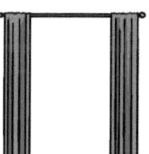

rideau
ფარდა

table
მაგიდა

chaise
სკამი

chaise à bascule
სარწეველა სკამი

fauteuil
სავარძელი

livre

წიგნი

couverture

საბანი

décoration

დეკორაცია

bois de chauffage

შეშა

film

ფილმი

chaîne hi-fi

hi-fi მოწყობილობები

clé

გასაღები

journal

გაზეთი

peinture

ფერწერა

poster

პლაკატი

radio

რადიო

bloc-notes

ბლოკნოტი

aspirateur

მტვერსასრუტი

cactus

კაქტუსი

bougie

სანთელი

cuisine
სამზარეულო

réfrigérateur
მაცივარი
four à micro-ondes
მიკრო-ტალღური ღუმელი
balance de cuisine
სამზარეულოს სასწორი
grille-pain
ტოსტერი
détergent
სარეცხი საშუალება
four
ღუმელი
compartiment congélateur
საყინულე
poubelle
ნაგვის ყუთი
lave-vaisselle
ჭურჭლის სარეცხი მანქანა

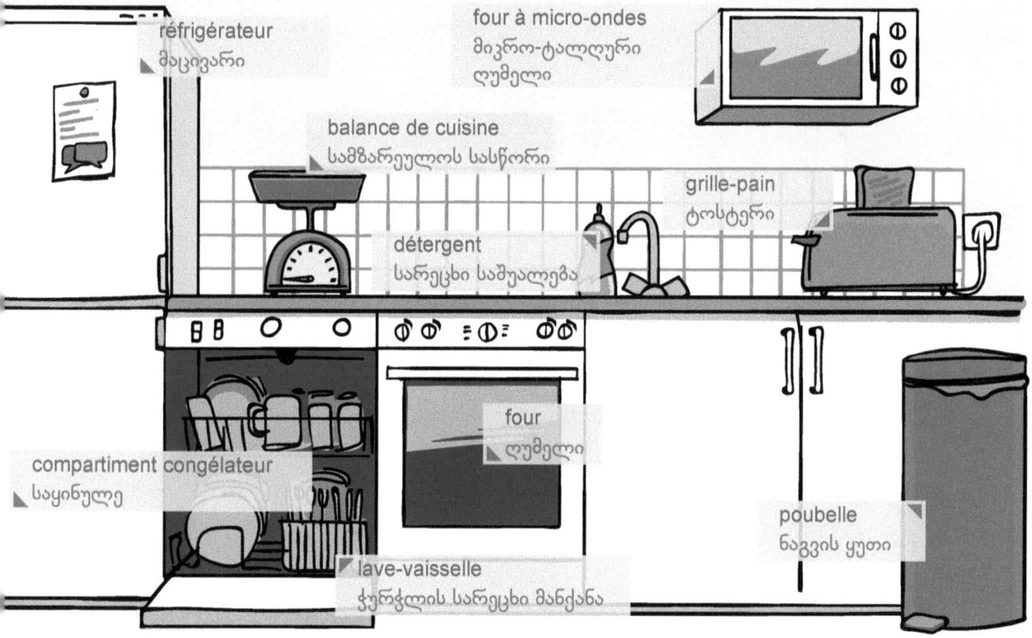

four

გაზქურა

casserole

ქოთანი

marmite

თუჯის ქვაბი

wok / kadai

ტაფა ამოზერილი ფსკერით

poêle

ტაფა

bouilloire electrique

ჩაიდანი

cuiseur vapeur

ორთქლსახარში

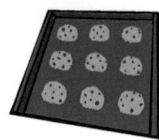

plaque de cuisson

საცხობი ლანგარი

vaisselle

ჭურჭელი

gobelet

კათხა

coupe

თასი

baguettes

ჩინური ჩხირები

louche

ჩამჩა

spatule

ფითხი

fouet

სათქვეფელა

passoire

საწური

tamis

საცერი

râpe

სახეხი

mortier

სანაყი

barbecue

გრილი

cheminée

კოცონი

cuisine - სამზარეულო

planche à découper

დაფა

rouleau à pâtisserie

საგორავი

tire-bouchon

ბურღი

boîte

ქილა

ouvre-boîte

ქილის გასახსნელი

maniques

ქოთნის დამჭერი

lavabo

ნიჟარა

brosse

ფუნჯი

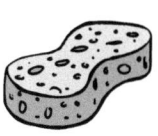

éponge

ღრუბელი

mixeur

ბლენდერი

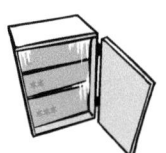

congélateur

საყინულე კამერა

biberon

საბავშვო ბოთლი

robinet

ონკანი

salle de bain
აბაზანა

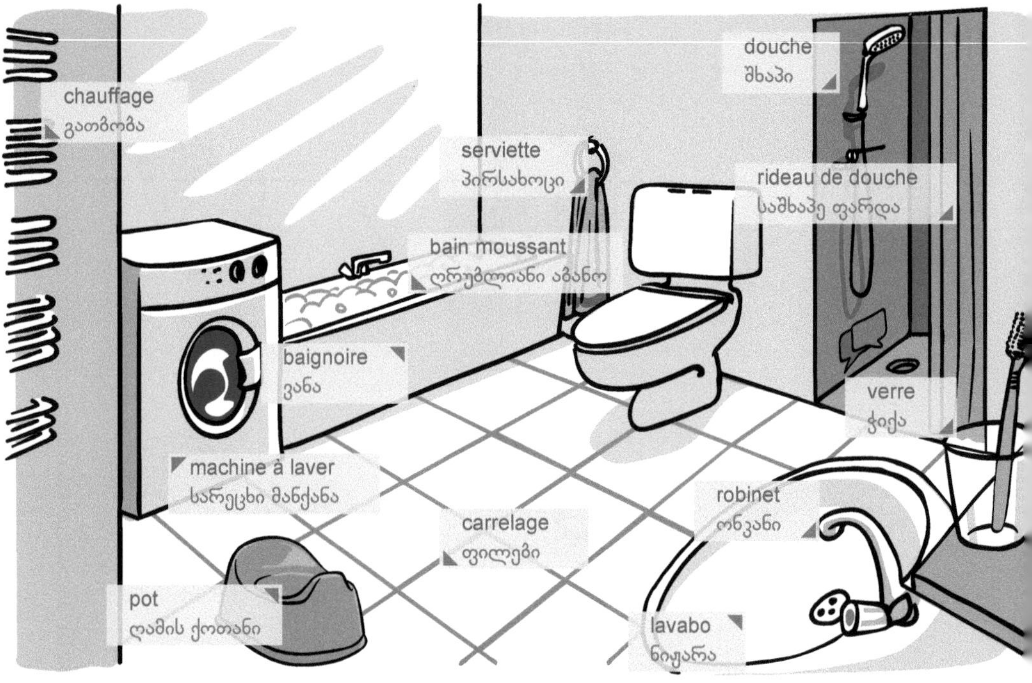

chauffage
გათბობა

douche
შხაპი

serviette
პირსახოცი

rideau de douche
საშხაპე ფარდა

bain moussant
ღრუბლიანი აბანო

baignoire
ვანა

verre
ჭიქა

machine à laver
სარეცხი მანქანა

carrelage
ფილები

robinet
ონკანი

pot
ღამის ქოთანი

lavabo
ნიჟარა

toilettes
ტუალეტი

toilette à la turque
იატაკის ტუალეტი

bidet
ბიდე

urinoir
კედლის პისუარი

papier toilette
ტუალეტის ქაღალდი

brosse à toilette
ტუალეტის ჯაგრისი

brosse à dents

კბილის ჯაგრისი

dentifrice

კბილის პასტა

fil dentaire

კბილის ძაფი

laver

რეცხვა

douche manuelle

ხელის შხაპი

douche intime

ინტიმური შხაპი

vasque

ტაშტი

brosse dorsale

ზურგის სახეხი ფუნჯი

savon

საპონი

gel douche

შხაპის გელი

shampooing

შამპუნი

gant de toilette

ნეჭა

écoulement

სანიაღვრე

crème

კრემი

déodorant

დეოდორანტი

miroir

სარკე

miroir cosmétique

ხელის სარკე

rasoir

ბრიტვა

mousse à raser

საპარსი ქაფი

après-rasage

საშუალება გაპარსვის შემდეგ

peigne

სავარცხელი

brosse

ჯაგრისი

sèche-cheveux

თმის საშრობი

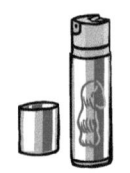

laque pour cheveux

თმის ლაქი

fond de teint

კოსმეტიკა

rouge à lèvres

ტუჩების პომადა

vernis à ongles

ფრჩხილის ლაქი

ouate

ბამბა

coupe-ongles

ფრჩხილის მაკრატელი

parfum

სუნამო

trousse de toilette

კოსმეტიკის ჩანთა

tabouret

ტაბურეტი

pèse-personne

სასწორი

peignoir

საბაზანო ხალათი

gants de nettoyage

რეზინის ხელთათმანები

tampon

ტამპონი

serviettes hygiéniques

სანიტარული პირსახოცი

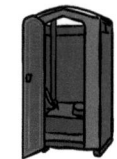

toilette chimique

ბიო-ტუალეტი

chambre d'enfant
საბავშვო ოთახი

réveil
მაღვიძარა
doudou
რბილი სათამაშო
voiture jouet
სათამაშო მანქანა
hochet
ჩხარუნა სათამაშო
maison de poupée
თოჯინების სახლი
cadeau
საჩუქარი

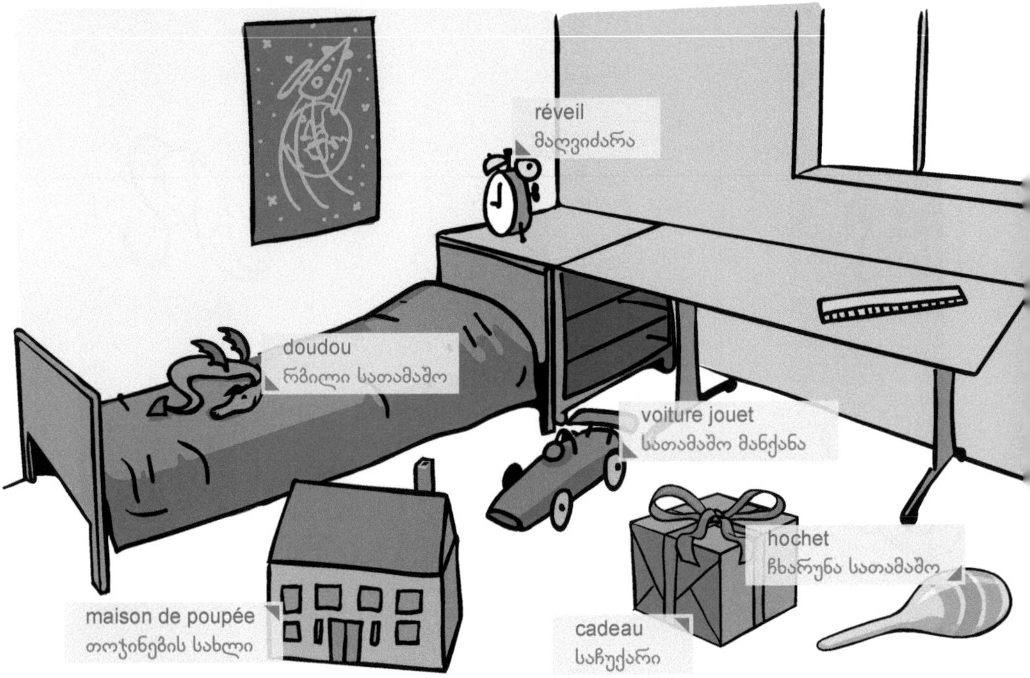

ballon

ბუშტი

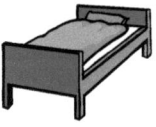

lit

ლოგინი

poussette

საბავშვო ეტლი

jeu de cartes

კარტის თამაში

puzzle

პაზლი

bande dessinée

კომიკსი

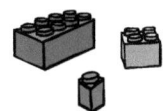

pièces lego

ლეგოს აგურები

blocs de construction

ასაშენებელი კუბიკები

figurine

სათამაშო ფიგურა

grenouillère

საცოცავი

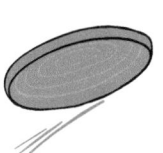

frisbee

ფრისბი

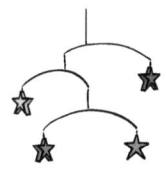

mobile

მობილე

jeu de société

სამაგიდო თამაში

dé

კამათელი

train miniature

რკინიგზის მოდელი

sucette

საწოვარა

fête

წვეულება

livre d'images

წიგნი ნახატებით

balle

ბურთი

poupée

თოჯინა

jouer

თამაში

bac à sable

საქვიშარი

balançoire

საქანელა

jouets

სათამაშოები

console de jeu

ვიდეო თამაშის კონსოლი

tricycle

სამთვლიანი ველოსიპედი

ours en peluche

დათუნია

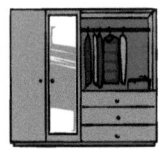

armoire

გარდერობი

vêtements

ტანსაცმელი

chaussettes

წინდები

bas

ჩულქები

collant

კოლგოტები

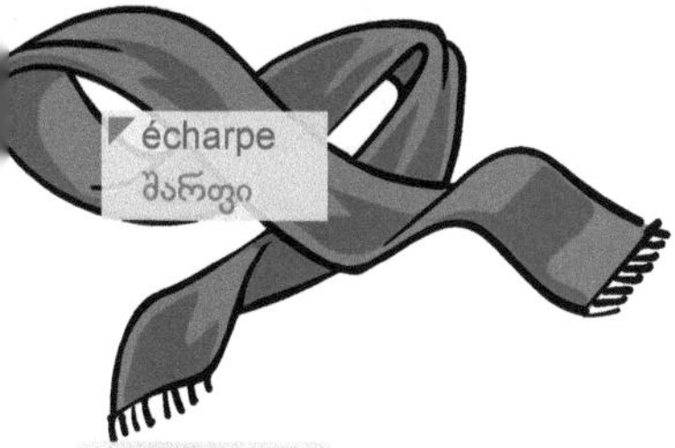

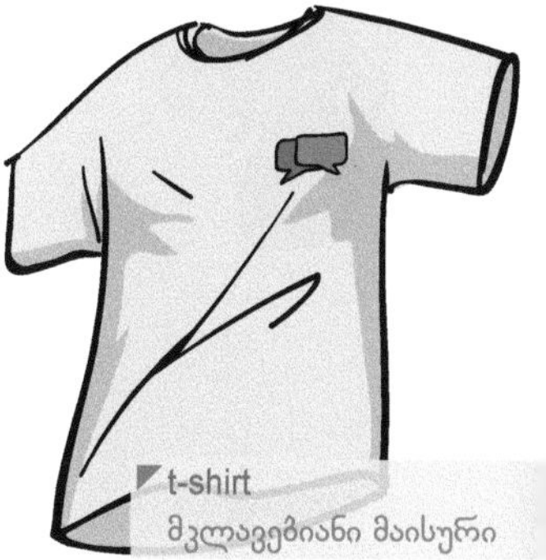

écharpe
შარფი

parapluie
ქოლგა

t-shirt
მკლავებიანი მაისური

ceinture
ქამარი

baskets
ბოტასები

bottes
ფეხსაცმელი

pantoufles
ჩუსტები

sandales

სანდლები

chaussures

ფეხსაცმელი

bottes de caoutchouc

რეზინის ჩექმები

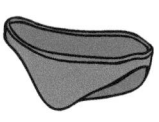

sous-vêtements

ტრუსები

soutien-gorge

ბიუსჰალტერი

maillot de corps

მაისური

body

სხეული

pantalon

შარვალი

jean

ჯინსი

jupe

ქვედაკაბა

chemisier

ბლუზი

chemise

პერანგი

pull

სვიტრი

sweat à capuche

კაპიუშონიანი ჟაკეტი

veste

სპორტული ქურთუკი

veste

ჟაკეტი

manteau

პალტო

imperméable

საწვიმარი

costume

კოსტუმი

robe

კაბა

robe de mariée

საქორწილო კაბა

costume

კაცის კოსტიუმი

chemise de nuit

ღამის პერანგი

pyjama

პიჟამოები

sari

სარი

foulard

თავშალი

turban

ტურბანი

burqa

ჩადრი

caftan

ხიფთანი

abaya

აბაია

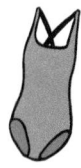

maillot de bain

საცურაო კოსტუმი

maillot de bain

ჩემოდნები

short

შორტები

tenue d'entraînement

სპორტული კოსტიუმი

tablier

წინსაფარი

gants

ხელთათმანები

bouton

ღილი

lunettes

სათვალეები

bracelet

სამაჯური

collier

ყელსაბამი

bague

ბეჭედი

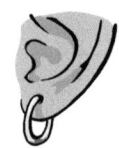

boucle d'oreille

საყურე

bonnet

კეპი

cintre

საკიდი

chapeau

ქუდი

cravate

ჰალსტუხი

fermeture éclair

ელვა-შესაკრავის შეკვრა

casque

ჩაფხუტი

bretelles

აჭიმი

uniforme scolaire

სკოლის ფორმა

uniforme

ფორმა

bavoir

ბავშვის წინსაფარი

sucette

საწოვარა

lange

პამპერსი

bureau

ოფისი

serveur
სერვერი
armoire d'archivage
საკანცელარიო კარადა
imprimante
პრინტერი
papier
ქაღალდი
écran
მონიტორი
მაგიდა
souris
თაგვი
classeur
საქაღალდე
clavier
კლავიატურა
rbeille à papier
ლათა ნარჩენი ქაღალდებისათვის
ordinateur
კომპიუტერი
chaise
სკამი

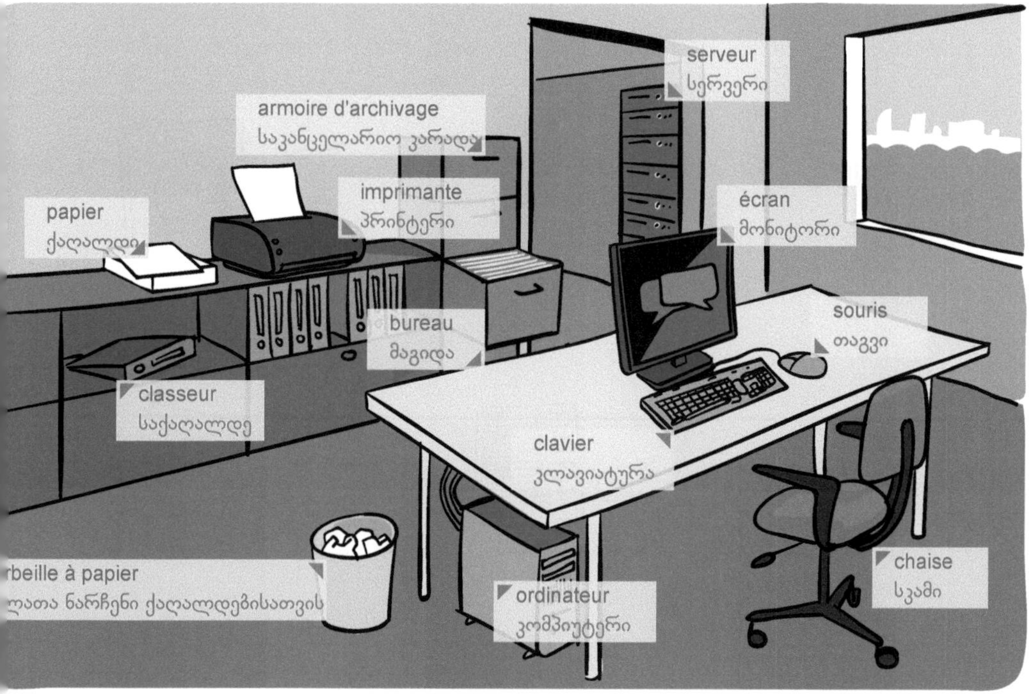

tasse de café

ყავის ფინჯანი

calculatrice

კალკულატორი

internet

ინტერნეტი

ordinateur portable

ლეპტოპი

lettre

წერილი

message

მესიჯი

portable

მობილური ტელეფონი

réseau

ქსელი

photocopieuse

სკანერი

logiciel

პროგრამული
უზრუნველყოფა

téléphone

ტელეფონი

prise

როზეტი

fax

ფაქსის მანქანა

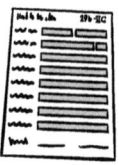

formulaire

ფორმულარი

document

დოკუმენტი

acheter

ყიდვა

payer

გადახდა

faire du commerce

ვაჭრობა

monnaie

ფული

dollar

დოლარი

euro

ევრო

yen

იენი

rouble

რუბლი

franc suisse

შვეიცარული ფრანკი

renminbi yuan

ჟენმინბი იუანი

roupie

რუპი

distributeur automatique

ბანკომატი

bureau de change

ვალუტის გადაცვლის პუნქტი

or

ოქრო

argent

ვერცხლი

pétrole

ნავთობი

énergie

ენერგია

prix

ფასი

contrat

ხელშეკრულება

taxe

გადასახადი

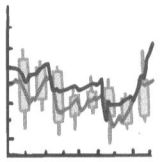

action

აქცია

travailler

მუშაობა

employé

თანამშრომელი

employeur

დამსაქმებელი

usine

ქარხანა

magasin

მაღაზია

professions
პროფესიები

agent de police
პოლიციის ოფიცერი
pompier
მეხანძრე
cuisinier
მზარეული
médecin
ექიმი
pilote
მფრინავი

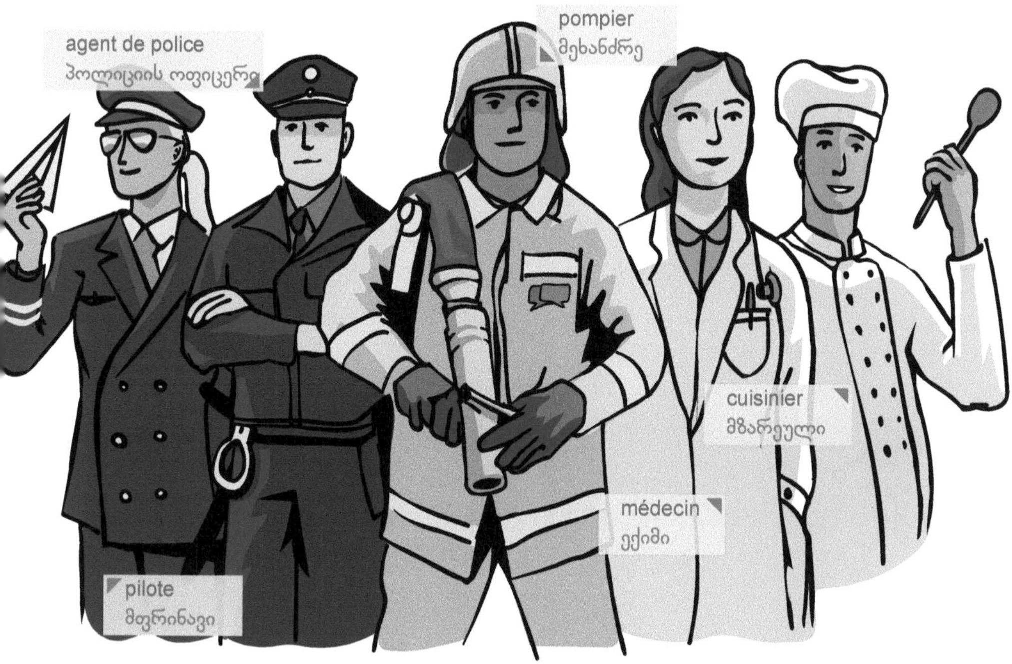

jardinier
მებაღე

menuisier
დურგალი

couturière
თეთრეულის მკერავი ქალბატონი

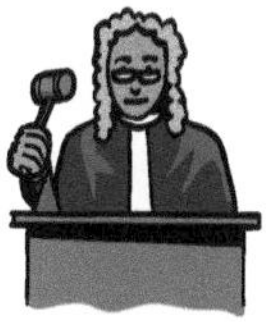

juge
მოსამართლე

chimiste
ქიმიკოსი

acteur
მსახიობი

conducteur de bus

ავტობუსის მძღოლი

chauffeur de taxi

ტაქსის მძღოლი

pêcheur

მეთევზე

femme de ménage

დამლაგებელი ქალბატონი

couvreur

სახურავის ოსტატი

serveur

მიმტანი

chasseur

მონადირე

peintre

ფერმწერი

boulanger

მცხობელი

électricien

ელექტრიკოსი

ouvrier

მშენებელი

ingénieur

ინჟინერი

boucher

ყასაბი

plombier

სანტექნიკოსი

facteur

ფოსტალიონი

soldat

ჯარისკაცი

architecte

არქიტექტორი

caissier

მოლარე

fleuriste

ფლორისტი

coiffeur

პარიკმახერი

contrôleur

კონდუქტორი

mécanicien

მექანიკოსი

capitaine

კაპიტანი

dentiste

სტომატოლოგი

scientifique

მეცნიერი

rabbin

რაბინი

imam

იმამი

moine

ბერი

prêtre

სასულიერო პირი

outils

იარაღები

marteau
ჩაქუჩი
pinces
გრტყელტუჩა
tournevis
სახრახნისი
clé
ქანჩის გასაღები
torche
ჯიბის სანათი

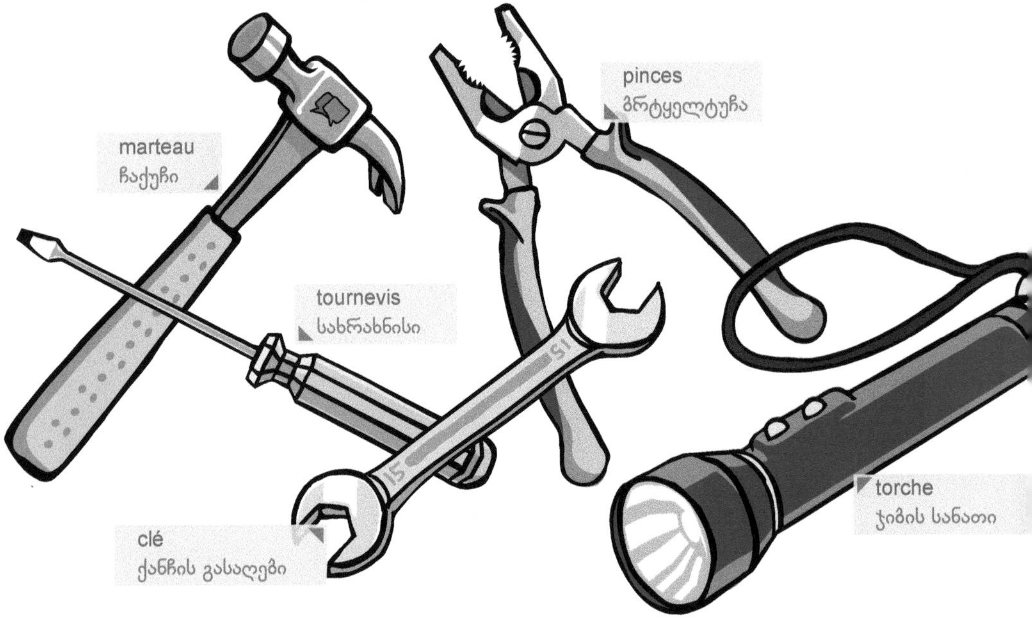

pelleteuse

ექსკავატორი

boîte à outils

იარაღების ყუთი

échelle

კიბე

scie

ხერხი

clous

ლურსმები

perceuse

საბურღი

réparer

შეკეთება

pelle

ნიჩაბი

Mince !

ანდაზა!

pelle

აქანდაზი

pot de peinture

საღებავის ქოთანი

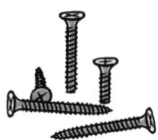

vis

ხრახნები

instruments de musique
მუსიკალური ინსტრუმენტები

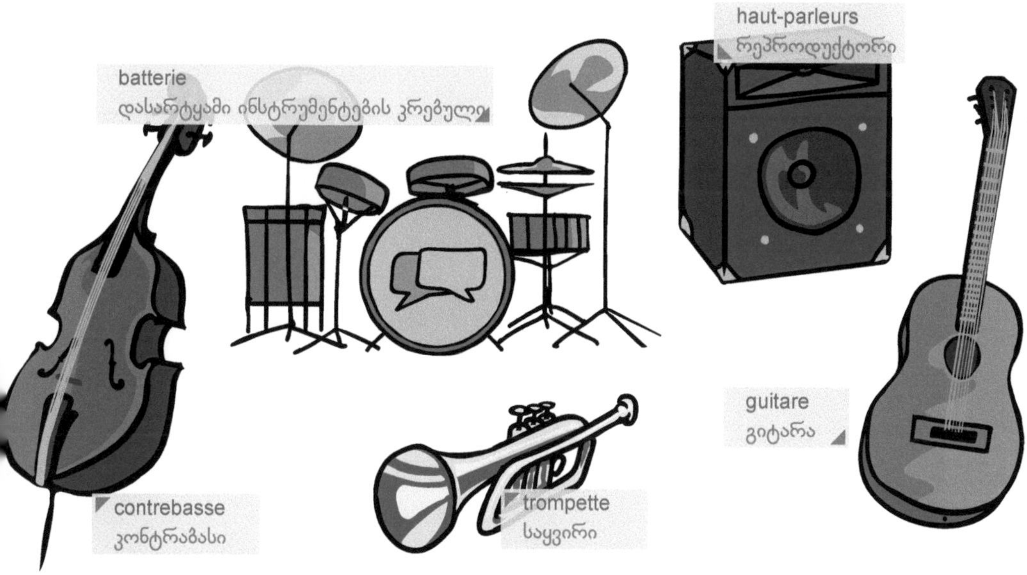

batterie

დასარტყამი ინსტრუმენტების კრებული

haut-parleurs

რეპროდუქტორი

guitare

გიტარა

contrebasse

კონტრაბასი

trompette

საყვირი

piano

ფორტეპიანო

violon

ვიოლინო

basse

ბასი

timbales

ტიმპანონი

tambour

დასარტყამები

piano électrique

კლავიშები

saxophone

საქსოფონი

flûte

ფლეიტა

microphone

მიკროფონი

entrée
შესასვლელი

tigre
ვეფხვი

cage
გალია

zèbre
ზებრა

alimentation animale
ცხოველთა საკვები

panda
პანდა

animaux

ცხოველები

éléphant

სპილო

kangourou

კენგურუ

rhinocéros

მარტორქა

gorille

გორილა

ours

დათვი

chameau

აქლემი

autruche

სირაქლემა

lion

ლომი

singe

მაიმუნი

flamand rose

ფლამინგო

perroquet

თუთიყუში

ours polaire

პოლარული დათვი

pingouin

პინგვინი

requin

ზვიგენი

paon

ფარშევანგი

serpent

გველი

crocodile

ნიანგი

gardien de zoo

ზოოპარკის მფლობელი

phoque

სელაპი

jaguar

იაგუარი

zoo - ზოოპარკი

poney

პონი

léopard

ლეოპარდი

hippopotame

ბეჰემოტი

girafe

ჟირაფი

aigle

არწივი

sanglier

ტახი

poisson

თევზი

tortue

კუ

morse

მორჟი

renard

მელა

gazelle

გაზელი

sports
სპორტი

american Football
ამერიკული ფეხბურთი
cyclisme
ველოსპორტი
tennis
ჩოგბურთი
basket-ball
კალათბურთი
natation
ცურვა
boxe
კრივი
hockey sur glace
ყინულის ჰოკეი

football
ფეხბურთი

badminton
ბადმინტონი

athlétisme
მძლეოსნობა

handball
ხელბურთი

ski
სათხილამურო სპორტი

polo
წყლის პოლო

sauter
გადახტომა

rire
დაცინვა

embrasser
ჩახუტება

marcher
სეირნობა

chanter
სიმღერა

rêver
ოცნებობა

prier
ლოცვა

faire la bise
კოცნა

écrire

წერა

dessiner

დახატვა

montrer

ჩვენება

pousser

დაჭერა

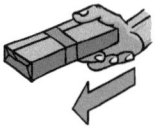

donner

მიცემა

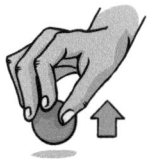

prendre

აღება

avoir

ქონა

faire

კეთება

être

ყოფნა

être debout

დგომა

courir

გარბენა

trier

მოქაჩვა

jeter

გადაყრა

tomber

დაცემა

être couché

ტყუილის თქმა

attendre

მოცდენა

porter

ტარება

être assis

ჯდომა

s'habiller

ჩაცმა

dormir

ძილი

se réveiller

გაღვიძება

activités - მოქმედებები

regarder

დათვალიერება

pleurer

ტირილი

caresser

გაუთოება

peigner

დავარცხნა

parler

ლაპარაკი

comprendre

გაგება

demander

შეკითხვა

écouter

მოსმენა

boire

დალევა

manger

ჭამა

ranger

დალაგება

aimer

ყვარება

cuire

კერძების მზადება

conduire

სვლა

voler

ფრენა

faire de la voile

აფრის ქვეშ სიარული

calculer

გამოთვლა

lire

წაკითხვა

apprendre

შესწავლა

travailler

მუშაობა

se marier

ქორწინება

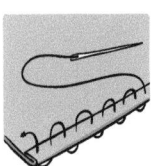

coudre

კერვა

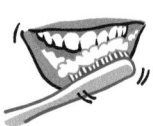

brosser les dents

კბილების ხეხვა

tuer

მოკვლა

fumer

მოწევა

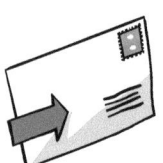

envoyer

გაგზავნა

grand-mère
ბებია

grand-père
ბაბუა

père
მამა

mère
დედა

bébé
ბავშვი

fille
ქალიშვილი

fils
ვაჟიშვილი

hôte
სტუმარი

tante
დეიდა

oncle
ბიძა

frère
ძმა

sœur
და

corps

სხეული

front
შუბლი
œil
თვალი
épaule
მხარი
doigt
თითი
visage
სახე
menton
ნიკაპი
main
ხელი
jambe
ფეხი
poitrine
მკერდი
bras
მკლავი

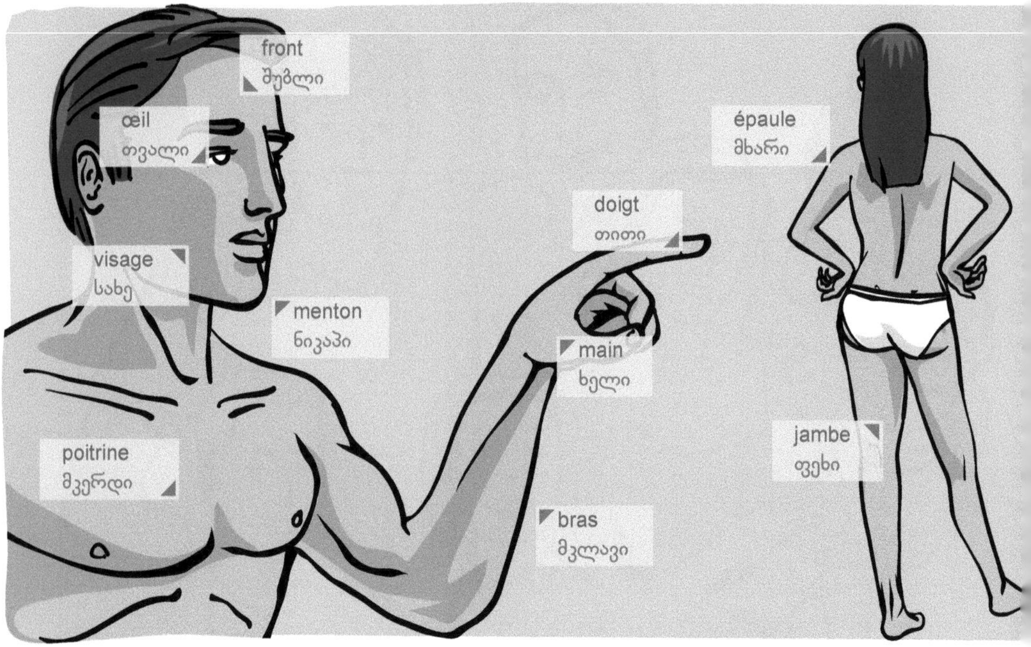

bébé

ბავშვი

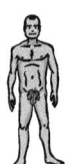

homme

კაცი

femme

ქალი

fille

გოგო

garçon

ბიჭი

tête

თავი

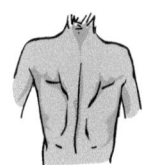

dos

ზურგი

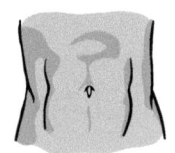

ventre

მუცელი

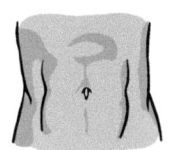

nombril

ჭიპი

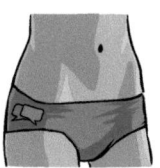

orteil

ფეხის თითი

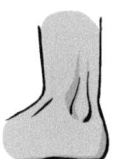

talon

ქუსლი

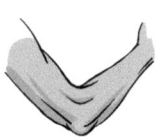

os

ძვალი

hanche

ბარძაყი

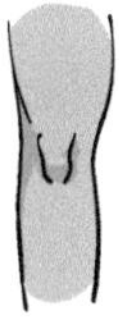

genou

მუხლი

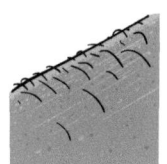

coude

იდაყვი

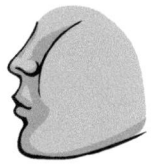

nez

ცხვირი

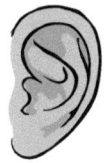

fesses

დუნდულა

peau

კანი

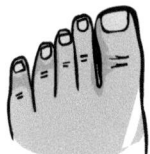

joue

ლოყა

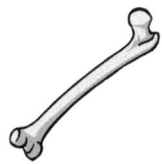

oreille

ყური

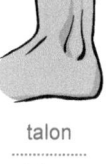

lèvre

ტუჩი

bouche

პირი

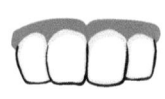

dent

კბილი

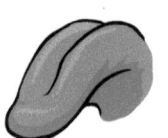

langue

ენა

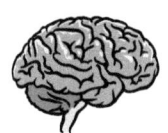

cerveau

ტვინი

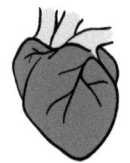

cœur

გული

muscle

კუნთი

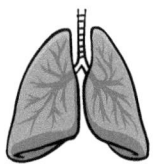

poumons

ფილტვი

foie

ღვიძლი

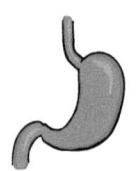

estomac

კუჭი

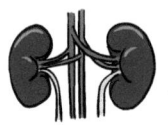

reins

თირკმელები

rapport sexuel

სექსი

préservatif

პრეზერვატივი

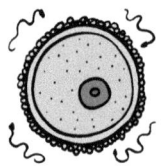

ovule

კვერცხუჯრედი

sperme

სპერმა

grossesse

ორსულობა

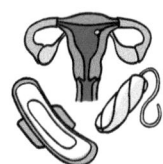

menstruation

მენსტრუაცია

vagin

საშო

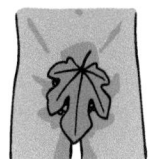

pénis

პენისი

sourcil

წარბი

cheveux

თმა

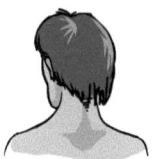

cou

კისერი

hôpital
საავადმყოფო

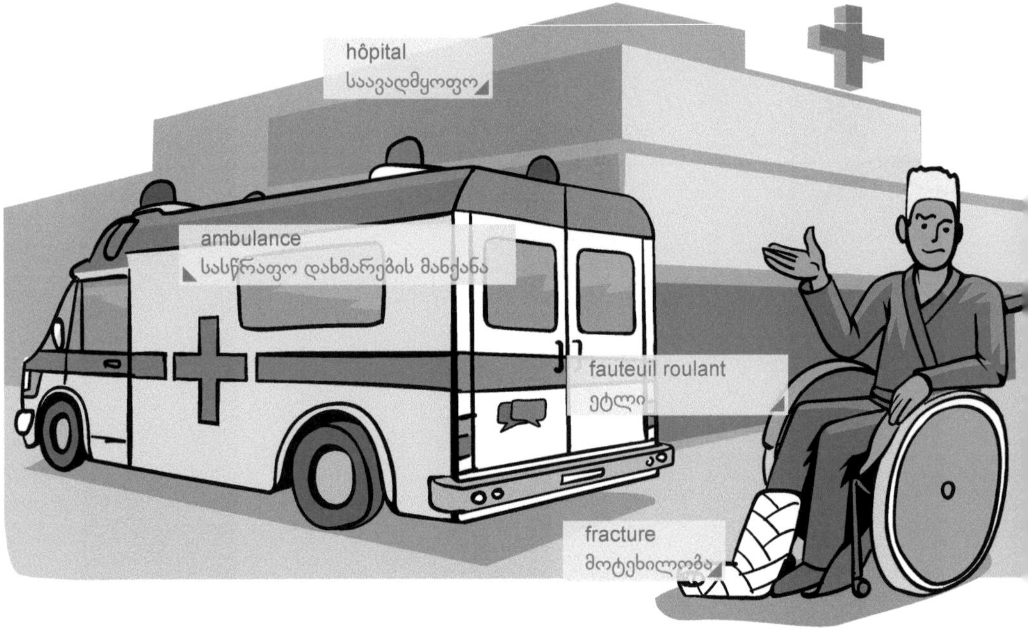

hôpital
საავადმყოფო
ambulance
სასწრაფო დახმარების მანქანა
fauteuil roulant
ეტლი
fracture
მოტეხილობა

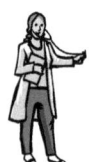

médecin

ექიმი

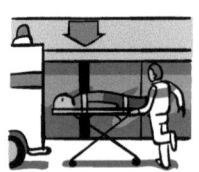

service des urgences

პირველი დახმარების ოთახი

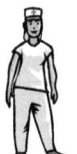

infirmière

მედდა

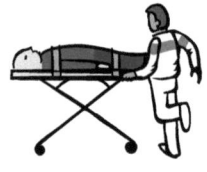

urgence

გადაუდებელი შემთხვევა

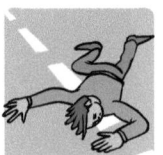

inconscient

უგონოდ მყოფი

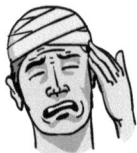

douleur

ტკივილი

blessure

დაზიანება

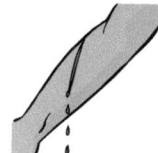

hémorragie

სისხლდენა

crise cardiaque

გულის შეტევა

attaque cérébrale

ინსულტი

allergie

ალერგია

toux

ხველა

fièvre

ცხელება

grippe

გრიპი

diarrhée

დიარეა

mal de tête

თავის ტკივილი

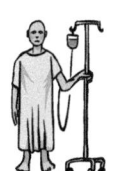

cancer

კიბო

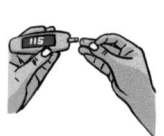

diabète

დიაბეტი

chirurgien

ქირურგი

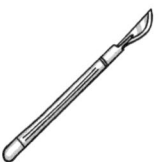

scalpel

სკალპელი

opération

ოპერაცია

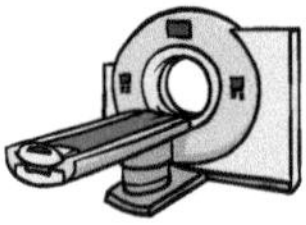

CT

კტ

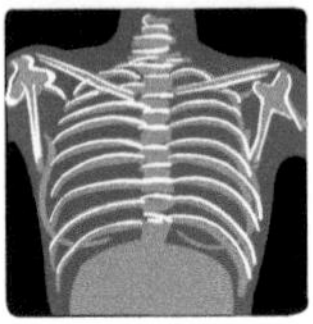

radiographie

რენტგენი

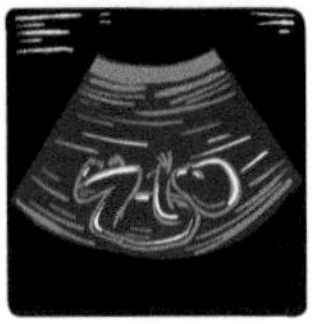

échographie

ულტრაბგერა

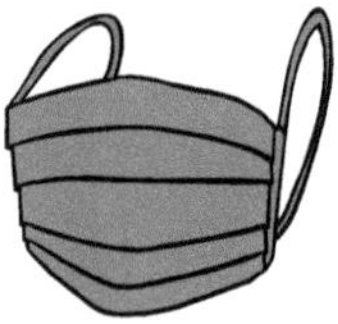

masque

ნიღაბი

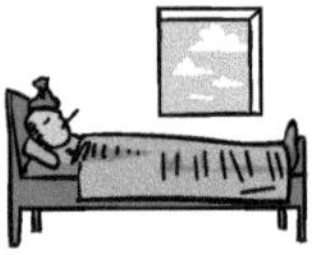

maladie

დაავადება

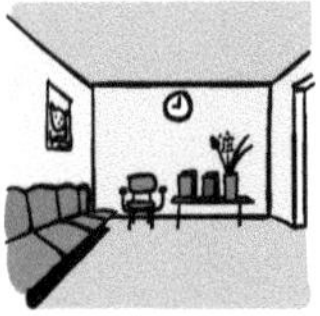

salle d'attente

მოსაცდელი ოთახი

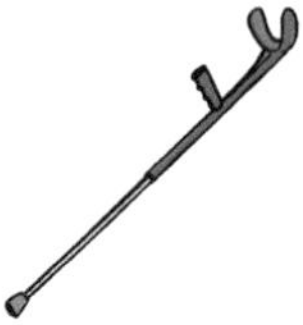

béquille

ყავარჯენი

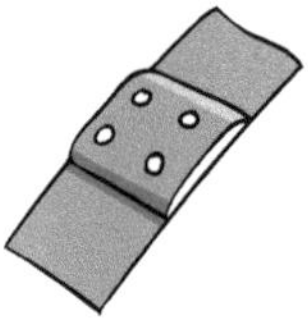

pansement

თაბაშირი

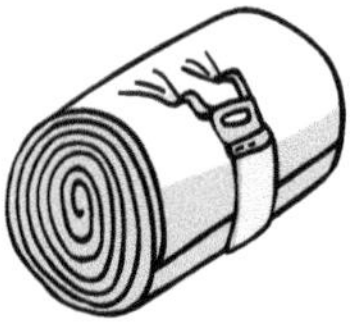

pansement

ბინტი

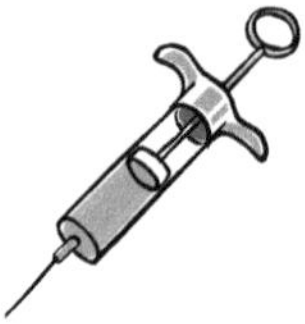

injection

ინექცია

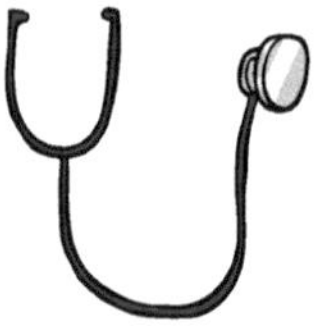

stéthoscope

სტეტოსკოპი

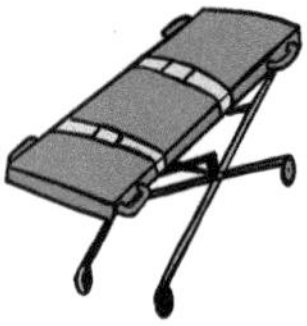

brancard

საკაცე

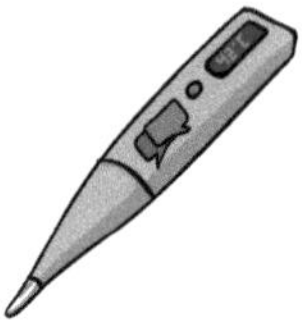

thermomètre

თერმომეტრი

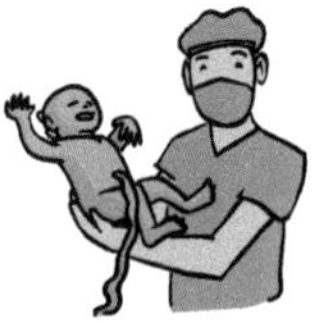

accouchement

დაბადება

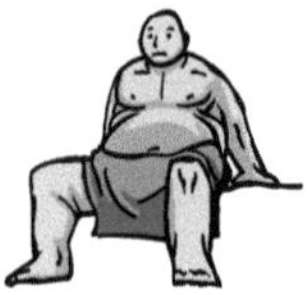

surcharge pondérale

ჭარბი წონა

appareil auditif

სმენის აპარატი

désinfectant

სადეზინფექციო საშუალება

infection

ინფექცია

virus

ვირუსი

VIH / sida

აივ / შიდსი

médicament

წამალი

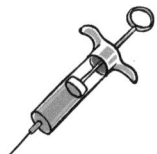

vaccination

ვაქცინაცია

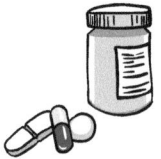

comprimés

ტაბლეტები

pilule

აბი

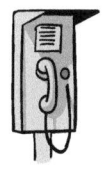

appel d'urgence

გადაუდებელი გამოძახება

tensiomètre

წნევის საზომი აპარატი

malade / sain

ავადმყოფი / ჯანმრთელი

urgence

გადაუდებელი შემთხვევა

Au secours !

დამეხმარეთ!

alarme

განგაში

assaut

თავდასხმა

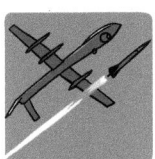

attaque

შეტევა

danger

საფრთხე

sortie de secours

სათადარიგო გასასვლელი

Au feu!

ხანძარი!

extincteur

ცეცხლსაქრობი

accident

უბედური შემთხვევა

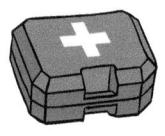

trousse de premier secours

პირველადი დახმარების აფთიაქი

SOS

SOS

police

პოლიცია

Europe

ევროპა

Amérique du Nord

ჩრდილოეთ ამერიკა

Amérique du Sud

სამხრეთ ამერიკა

Afrique

აფრიკა

Asie

აზია

Australie

ავსტრალია

Océan atlantique

ატლანტიკა

Océan pacifique

წყნარი ოკეანე

Océan indien

ინდოეთის ოკეანე

Océan antarctique

ანტარქტიკის ოკეანე

Océan arctique

ჩრდილოეთის ყინულოვანი
ოკეანე

pôle nord

ჩრდილოეთ პოლუსი

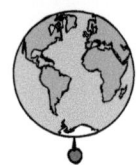

pôle sud

სამხრეთ პოლუსი

Antarctique

ანტარქტიდა

terre

დედამიწა

pays

ხმელეთი

mer

ზღვა

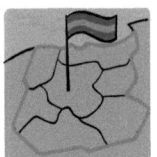

île

კუნძული

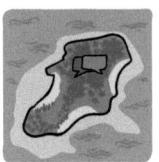

nation

ერი

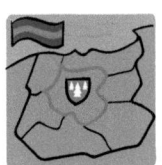

état

სახელმწიფო

cadran

ციფერბლატი

aiguille des heures

საათების ისარი

aiguille des minutes

წუთების ისარი

aiguille des secondes

წამების ისარი

Quelle heure est-il ?

რომელი საათია?

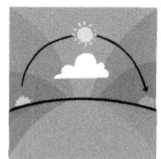

jour

დღე

temps

დრო

maintenant

ახლა

montre digitale

ციფრული საათი

minute

წუთი

heure

საათი

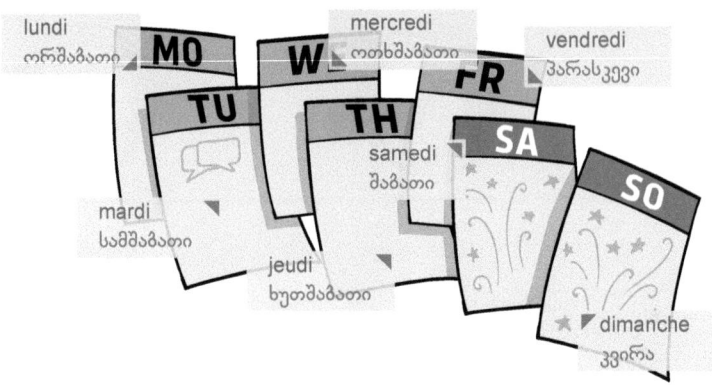

lundi
ორშაბათი

MO

mercredi
ოთხშაბათი

W

vendredi
პარასკევი

FR

TU

TH

samedi
შაბათი

SA

mardi
სამშაბათი

jeudi
ხუთშაბათი

SO

dimanche
კვირა

hier

გუშინ

aujourd'hui

დღეს

demain

ხვალ

matin

დილა

midi

შუადღე

soir

საღამო

MO	TU	WE	TH	FR	SA	SU
1	2	3	4	5	6	7
8	9	10	11	12	13	14
15	16	17	18	19	20	21
22	23	24	25	26	27	28
29	30	31	1	2	3	4

jours ouvrables

სამუშაო დღეები

MO	TU	WE	TH	FR	SA	SU
1	2	3	4	5	6	7
8	9	10	11	12	13	14
15	16	17	18	19	20	21
22	23	24	25	26	27	28
29	30	31	1	2	3	4

week-end

შაბათი-კვირა

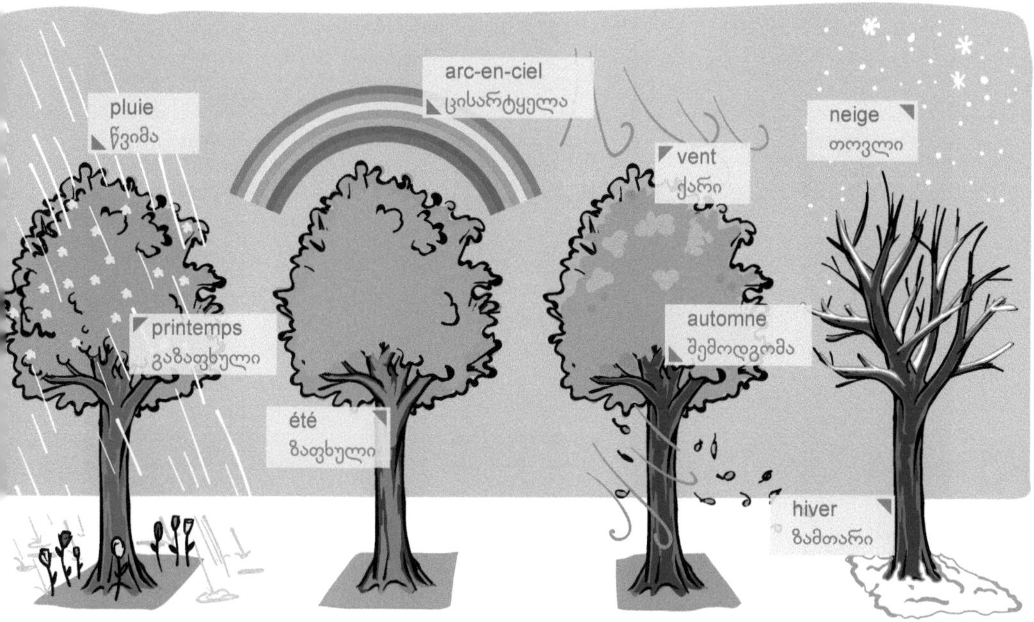

pluie
წვიმა
arc-en-ciel
ცისარტყელა
neige
თოვლი
vent
ქარი
printemps
გაზაფხული
été
ზაფხული
automne
შემოდგომა
hiver
ზამთარი

4.APRIL 11°
5.APRIL 4°
6.APRIL 13°
7.APRIL 8°
8.APRIL 10°

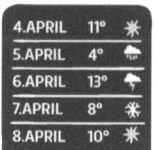

météo
ამინდის პროგნოზი

F C
120 40
90 30
60 20
30 10
0 0
-30 -10
-20

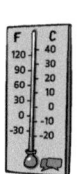

thermomètre
თერმომეტრი

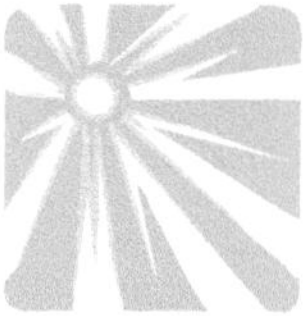

lumière du soleil
მზის სხივი

nuage
ღრუბელი

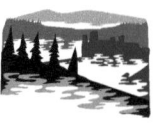

brouillard
ნისლი

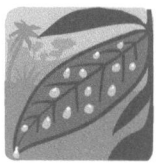

humidité
ტენიანობა

foudre

ელვა

tonnerre

ქუხილი

tempête

შტორმი

grêle

სეტყვა

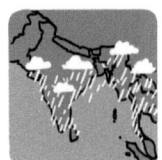

mousson

მუსონი

inondation

წყალდიდობა

glace

ყინული

janvier

იანვარი

février

თებერვალი

mars

მარტი

avril

აპრილი

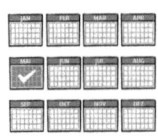

mai

მაისი

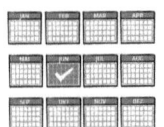

juin

ივნისი

juillet

ივლისი

août

აგვისტო

année - წელი

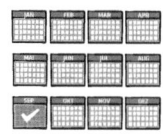

septembre

სექტემბერი

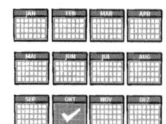

octobre

ოქტომბერი

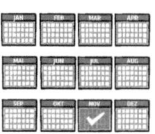

novembre

ნოემბერი

décembre

დეკემბერი

formes
ფორმები

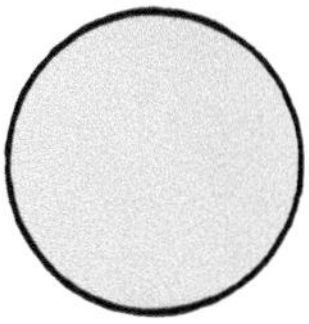

cercle

წრე

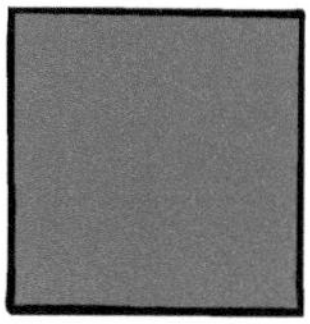

carré

კვადრატი

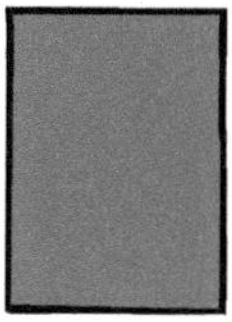

rectangle

მართკუთხედი

triangle

სამკუთხედი

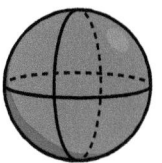

sphère

სფერო

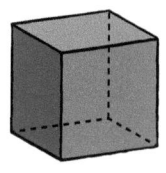

cube

კუბი

couleurs

ფერები

blanc

თეთრი

jaune

ყვითელი

orange

ნარინჯისფერი

rose

ვარდისფერი

rouge

წითელი

violet

იისფერი

bleu

ცისფერი

vert

მწვანე

marron

ყავისფერი

gris

ნაცრისფერი

noir

შავი

oppositions

საპირისპიროები

beaucoup / peu

ბევრი / ცოტა

fâché / calme

გაბრაზებული / მშვიდი

joli / laid

ლამაზი / მახინჯი

début / fin

დასაწყისი / დასასრული

grand / petit

დიდი / პატარა

clair / obscure

ნათელი / მუქი

frère / soeur

ძმა / და

propre / sale

სუფთა / ჭუჭყიანი

complet / incomplet

სრული / არასრული

jour / nuit

დღე / ღამე

mort / vivant

მკვდარი / ცოცხალი

large / étroit

განიერი / ვიწრო

comestible / incomestible

....

საჭმელად ვარგისი / საჭმელად უვარგისი

méchant / gentil

....

ბოროტი / კეთილი

excité / ennuyé

....

შთამბეჭდავი / მოსაწყენი

gros / mince

....

სქელი / თხელი

premier / dernier

....

პირველი / ბოლო

ami / ennemi

....

მეგობარი / მტერი

plein / vide

....

სრული / ცარიელი

dur / souple

....

მყარი / რბილი

lourd / léger

....

მძიმე / მსუბუქი

faim / soif

....

მოშიებული / მწყურვალე

malade / sain

....

ავადმყოფი / ჯანმრთელი

illégal / légal

....

არალეგალური / ლეგალური

intelligent / stupide

....

ინტელექტუალი / სულელი

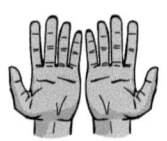

gauche / droite

....

მარცხენა / მარჯვენა

proche / loin

....

ახლოს / შორს

nouveau / usé

ახალი / გამოყენებული

rien / quelque chose

არაფერი / რაღაცა

vieux / jeune

მოხუცი / ახალგაზრდა

marche / arrêt

ჩართვა / გამორთვა

ouvert / fermé

ღია / დახურული

faible / fort

ჩუმი / ხმამაღალი

riche / pauvre

მდიდარი / ღარიბი

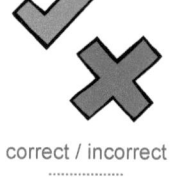

correct / incorrect

მართალი / მტყუანი

rugueux / lisse

უხეში / გლუვი

triste / heureux

სევდიანი / ბედნიერი

court / long

მოკლე / გრძელი

lent / rapide

ნელი / სწრაფი

mouillé / sec

სველი / მშრალი

chaud / froid

თბილი / გრილი

guerre / paix

ომი / მშვიდობა

nombres
რიცხვები

0

zéro

ნული

1

un / une

ერთი

2

deux

ორი

3

trois

სამი

4

quatre

ოთხი

5

cinq

ხუთი

6

six

ექვსი

7

sept

შვიდი

8

huit

რვა

9

neuf

ცხრა

10

dix

ათი

11

onze

თერთმეტი

12

douze

თორმეტი

13

treize

ცამეტი

14

quatorze

თოთხმეტი

15

quinze

თხუთმეტი

16

seize

თექვსმეტი

17

dix-sept

ჩვიდმეტი

18

dix-huit

თვრამეტი

19

dix-neuf

ცხრამეტი

20

vingt

ოცი

100

cent

ასი

1.000

mille

ათასი

1.000.000

million

მილიონი

langues
ენები

anglais

ინგლისური

anglais américain

ამერიკული ინგლისური

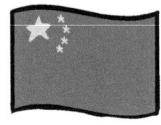

chinois mandarin

ჩინური მანდარინი

hindi

ჰინდი

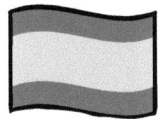

espagnol

ესპანური

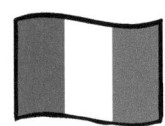

français

ფრანგული

arabe

არაბული

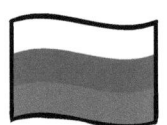

russe

რუსული

portugais

პორტუგალიური

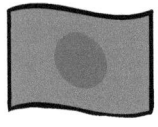

bengali

ბენგალური

allemand

გერმანული

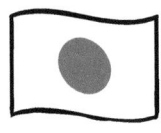

japonais

იაპონური

qui / quoi / comment
ვინ / რა / როგორ

je

მე

tu

შენ

il / elle / ce, c', cela

ის / ის / იგი

nous

ჩვენ

vous

თქვენ

ils / elles

ისინი

Qui ?

ვინ?

Quoi ?

რა?

Comment ?

როგორ?

Où ?

სად?

Quand ?

როდის?

nom

სახელი

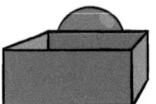

où

სად

derrière

უკან

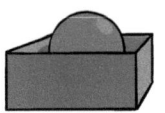

dans

შიგნით

devant

წინ

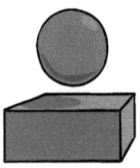

au-dessus

ზედ

sur

=-ზე

en-dessous

ქვეშ

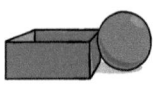

à côté de

გვერდით

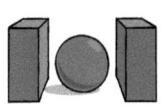

entre

შორის

lieu

ადგილი